OBSERVATIONS

SUR LES EFFETS QUE DOIT PRODUIRE

L'ARTICLE 20

DE LA LOI DES FINANCES,

DU 27 JUIN 1819.

L'INTENTION de l'article 20 de la loi du 27 juin 1819, a été d'obtenir le contrôle du compte que le Ministre secrétaire-d'état au département des finances doit présenter à chaque session. Ce compte, qui ne peut être formé que d'après des registres, n'est en effet qu'un tableau plus ou moins complet, plus ou moins exact des recettes et des dépenses effectuées pendant l'espace de temps qu'il embrasse; le véritable compte est celui qui est dressé sur pièces, et que j'appellerai *compte judiciaire*.

On pourrait s'étonner qu'il n'ait été demandé au département des finances qu'un compte de douze mois. Un compte de douze mois est un compte partiel d'exercice pour les recettes, et surtout pour les dépenses; il n'est point coordonné à la loi annuelle des finances, qui embrasse un exercice entier. En effet, quant aux recettes, il n'y a que les produits des administrations financières qui puissent être complétement recouvrés dans la période de douze mois. A leur égard, douze mois font l'exercice. Les recettes provenant des contributions directes, au contraire, dont le montant est préalablement déterminé et réparti, ne sont effectuées dans leur intégrité qu'au quinzième ou au seizième mois, à partir de l'ouverture de l'exercice, qui jusqu'ici a été fixée au 1er janvier de chaque année. Quant aux dépenses propres à un exercice, et telles qu'elles ont été réglées par le budjet, elles ne sont quelquefois acquittées (du moins l'expérience du passé le prouve ainsi) que dix ou douze ans après l'année d'exercice. Les comptes demandés au département des finances sont donc, ainsi que je l'ai établi plus haut, sous le rapport des recettes, et notamment sous celui des dépenses, des comptes partiels, et non des comptes complets d'exercice. Ces comptes, ou plutôt ces tableaux, sont néanmoins suffisans pour faire atteindre le but qu'on s'est proposé : ils donnent aux Chambres le moyen de connaître si les ressources espérées se sont réalisées ou se réaliseront, et motivent les propositions de finances que d'après cet aperçu, le Gouvernement peut être obligé de faire aux Chambres, à l'effet de pourvoir aux besoins tant de l'exercice courant que des exercices antérieurs non encore soldés. Toutefois les états de situations, qui indiquent soit l'avancement des divers exercices vers leur terme, soit les obstacles qui s'opposent à leur achèvement, n'étant formés que d'après des livres et des bordereaux, on a senti qu'il fallait leur chercher un contrôle, dans des documens plus positifs, et les Chambres, pour se procurer le complément de la lumière qui leur était présentée, ont jeté les yeux sur la Cour des comptes. Elles ont étendu ou ont paru vouloir étendre les dispositions de la loi du 16 septembre 1807, qui déjà avait chargé cette Cour de recueillir, dans le silence, des observations sur la conformité des recettes et des dépenses publiques, à la loi annuelle des finances.

Le choix de l'instrument est judicieux ; en effet depuis le billet d'entrée à l'hôpital d'un soldat malade, jusqu'aux ordonnances qui font sortir des millions du trésor, elle possède toutes les pièces justificatives des recettes et des dépenses de l'État. Si sous un chef qui ne manquait guères de reprendre ou de neutraliser la meilleure part de l'autorité qu'il confiait lui-même, il a été permis aux grands ordonnateurs de retenir par devers eux, celles de ces pièces qui devaient le plus servir à faire briller la pureté de leur administration, si cette faculté singulière subiste encore, même aujourd'hui, on a des motifs d'espérer qu'elle sera bientôt proscrite du code des lois financières ; elle peut être la source des abus les plus graves, car la probité la plus sévère, l'attention la plus soutenue dans les dispensateurs des fonds, ne sont même pas suffisantes pour en prévenir les dangereux effets. Je raisonne donc dans l'hypothèse que les bonnes règles n'ont pas été oubliées, ou qu'elles seront bientôt rétablies, et je répète qu'aucun autre établissement que la cour des comptes, ne pouvait être employé avec succès, à rassembler les documens certains que les Chambres ont paru désirer dans l'art. 20 de la loi du 27 juin 1819, documens dont elle seule est ou doit être dépositaire.

Mais comment cette cour répondra-t-elle au vœu des Chambres ? D'abord elle ne pourra jamais corroborer ou infirmer le compte général rendu par le département des finances, dans l'année même où ce compte sera présenté, car bien que ce compte général embrasse la même période et les mêmes faits que ceux que renferment les comptes judiciaires des agens des recettes, cependant elle arrivera toujours trop tard. Quand le ministre des finances parlera de sa situation de 1820 par exemple, elle ne pourra établir encore que celle de 1817 ou de 1818 tout au plus. Cette inégalité dans la marche des deux comptabilités, savoir : l'administrative et la judiciaire, tient à la nature même des choses. On dépouille des registres dans quelques mois, pour juger sur pièces, il faut des années. D'ailleurs les lois assignent des époques différentes aux divers comptables des recettes, pour la présentation de leurs comptes.

Les receveurs-généraux pour remplir cette obligation, ont six mois, les administrations financières ont dix-huit mois à compter du dernier jour de l'année. Ensuite viennent les retardataires, puis les irrégularités qui quelquefois sont telles qu'elles arrêtent pendant des années entières, la vérification d'un compte d'ailleurs présenté dans le délai légal. Le contrôle que paraît attendre la loi du 27 juin 1819, sera donc nécessairement tardif, et n'aura jamais l'intérêt du moment et de l'à-propos. Il ne faut pourtant pas y renoncer à cause de cet inconvénient, mais il me semble qu'on doit le concevoir sous un point de vue plus élevé, afin de compenser des retards inévitables par l'importance des résultats.

En quoi consiste donc, me dira-t-on, le mode que vous me proposez? Il consiste dans l'établissement (sous le rapport judiciaire), du système de comptabilité par exercice ou budjet, tant en matières de recettes qu'en matières de dépenses. Ce système déjà consacré par l'usage, est redevenu l'objet des vœux des hommes les plus respectables par leur expérience. Ceux mêmes qui, de fait, l'ont récemment abandonné, ne veulent pas s'en séparer; ils ne veulent, disent-ils, que l'aider en l'appuyant sur les comptes partiels ou de gestion. Voyons, au contraire, si ce protégé ne devrait être livré à ses propres forces, s'il ne serait pas exposé à être dévoré par ses tuteurs.

La loi annuelle des finances, doit être le type de la comptabilité judiciaire. La loi établit des perceptions jusqu'à concurrence de 800,000,000, elle autorise l'emploi en dépense d'une pareille somme, pour pourvoir aux besoins d'un exercice. C'est de cette somme complète qu'il doit être compté à la cour de comptabilité. Que si les recouvremens ne sont effectués, quant aux recettes générales, qu'au 15e ou au 16e mois, pour de certaines branches de revenu, ce sera au vingtième mois, que des comptes qui les embarrasseront dans leur intégrité, devront être présentés. Quant à l'application de ce mode de comptabilité aux recettes, nul homme de bonne foi ne peut faire d'objection; il est prouvé que toutes les ressources affectées à un exercice par le budjet, sont réalisées au quinzième ou au seizième mois au plus. Les produits des administrations financières sont versés dans les caisses du trésor avant la fin du treizième mois. Ainsi les agens des recettes quels qu'ils soient, peuvent rendre des comptes complets d'exercices, au commencement du vingt-unième mois, à partir du jour de l'ouverture de l'exercice. Les comptes des receveurs-généraux, pour être clairs, ne renfermeraient que les produits des lois de finances, ne se compliqueraient pas comme ceux que les comptables rendent aujourd'hui, des comptes de la légion d'honneur, de la caisse des dépôts et consignations, et de ceux des mouvemens de fonds qui ont lieu entre le trésor et ces comptables agissant comme banquiers, etc. Ces comptes étrangers aux recettes établies par les lois, aujourd'hui intercalés dans les comptes des receveurs-généraux, cesseraient d'y jeter la confusion et l'obscurité et ne rendraient plus extrêmement difficile sinon impossible la formation des comptes d'exercice (1). Il doit être compté, sans doute, de ces objets, mais dans des cadres distincts, parce qu'ils sont de natures différentes. C'est de la distinction des choses dissemblables, que naissent l'ordre, la clarté et la satisfaction de la pensée. La rédaction, la présentation et le jugement des comptes de budjet, auxquels j'ose dire que l'intérêt du trône est étroitement lié, entraîneraient des délais moins longs et des embarras moins grands, que les comptes partiels ou de gestions, où quoi qu'on en puisse dire, les exercices ne sont point resumés et où les élémens les plus hétérogènes sont confondus dans les mêmes balances.

Dans l'ordre actuel, un compte de recette générale de douze mois, doit être présenté au premier juillet de l'année suivante; voilà 18 mois. Le compte des 12 mois dont se compose l'année

---

(1) Les états de situation présentés récemment à la session, pour l'année 1818, sont exempts de ce mélange d'objets, qui n'ont entre eux aucune connexité.

suivante, lequel doit embrasser les restes à recouvrer sur la précédente, sera à son tour présenté au 1er. juillet de l'année qui suivra : voilà encore douze mois, qui avec les dix-huit énoncés plus haut, donnent trente mois. Ainsi dans le mode nouveau, il s'écoulera toujours deux ans et demi, avant que les élémens d'un compte de budjet ne puissent être rassemblés, après avoir été d'abord éparpillés. Dans le plan que je propose et qui n'est, certes, pas une vision, ils le feraient au commencement du vingt-unième mois après l'ouverture de l'exercice. Pour les comptables, il n'y aurait pas une heure de travail de plus, pour la cour des comptes, il y aurait facilité et unité de vérification. Ses jugemens seraient sûrs, prompts et entiers, et avant l'expiration des deux ans qui suivraient l'année d'exercice, elle pourrait adresser au Gouvernement des états qui répondraient à l'intention de la loi du 27 juin 1819.

La comptabilité générale a été réorganisée il y a deux ans, en vertu des ordonnances du 18 novembre 1817. L'organisation antérieure était, dit-on, affectée de vices majeurs et appelait incessamment la réforme. Soit. Mais ne pouvait-on pas extirper les abus évidens qui s'étaient introduits dans l'ancienne, sans jeter dans la nouvelle les semences d'une confusion non moins dangereuse ? Par ces derniers mots, je n'entends pas insinuer que les livres du trésor ne soient pas exactement tenus, je crois, au contraire, qu'ils sont dans le meilleur ordre, je veux seulement dire que la comptabilité judiciaire, la seule sur laquelle portent mes observations, n'a pas été bien conçue, et que les comptes de gestions ou les comptes partiels loin de l'améliorer l'ont fait rétrograder vers l'enfance de l'art. Il paraît qu'en adoptant ce mode, on a eu principalement pour objet, de se mettre sur la trace de faits encore récens, afin d'en constater plus aisément la régularité ou l'irrégularité. Cette vue sans doute est très-saine, mais je viens de montrer plus haut, que dans le système que j'invoque, les tableaux d'ensemble correlatifs aux budjets, sont susceptibles d'être formés et appréciés plutôt et plus aisément que les états fractionnaires sous le régime desquels nous vivons. Le dessein des réformateurs, d'ailleurs très-digne d'éloge, se conciliait encore mieux avec les premiers qu'avec les seconds, et ne faisait pas courir le risque d'instruire en deux fois, une affaire qui pouvait être éclaircie par une même procédure et terminée par une même et unique décision.

Je pense que les auteurs du système nouveau qui toutefois, pour le dire en passant, a été avant la révolution d'une année, réduit à ses parties les moins heureuses, se sont laissés séduire par une fausse analogie. Ils ont cru que les états annuels de situation, qui, sans doute, sont des documens utiles et même nécessaires pour le gouvernement et les Chambres, devaient déterminer l'étendue du cadre dans lequel serait renfermée la comptabilité judiciaire. Ils ont perdu de vue ce principe fondamental, que c'est au budjet à en régler la coupe et les proportions, et alors une opération purement administrative, bonne en soi, mais qui n'est qu'un moyen d'ordre intérieur, a été prise pour base d'un travail dont la loi annuelle des finances devait seule commander les formes. Sans doute l'administration suprême des finances, doit se faire mettre très-fréquemment sous les yeux, l'état des progrès des rentrées et des dépenses; elle doit interroger cet état non-seulement tous les ans, mais tous les mois, tous les jours (1). Il faut qu'elle sache les embarras qui peuvent la menacer, les espérances qu'elle peut concevoir, les ressources immédiatement disponibles, afin de régler en conséquence la marche des services. Mais autre chose est d'agir, autre chose est de juger. La comptabilité administrative se compose essentiellement d'états de situation; la comptabilité judiciaire dont l'action commence, lorsque celle de l'administration a cessé, n'admet que des tableaux d'ensemble, c'est le budjet qui est et doit être son patron, son terme de comparaison. Si l'on n'établit pas cette distinction essentielle et fondamentale, on ne doit

(1) C'est ce que la loi du 13 septembre 1791 appelle *comptabilité intérieure du trésor*.

plus espérer ni clarté ni ordre, il n'y aura plus qu'une involution de recettes et de dépenses, on ira chercher, qui pourra, celles qui se rattachent à tels ou à tels exercices.

Frappés des vices des comptes partiels, quelques hommes, dont je me plais à reconnaître la capacité, ont cru néanmoins qu'ils pouvaient subsister, si on les alliait aux comptes de budjet ou d'exercice; mais il est, je crois, démontré que ces derniers, formés d'un seul jet, peuvent être plutôt rendus que ne seraient réunies leurs parties éparses dans des comptes fractionnaires. Dès-lors il est évident que les comptes partiels deviennent un hors-d'œuvre inutile, quoique péniblement élaboré, et que le comptable qui peut former un tableau général plus facilement et plus vite qu'il ne le diviserait, que le juge qui peut statuer sur ce tout avec plus d'assurance et de promptitude que sur ses fractions, doivent être laissés ou placés dans la situation qui exige d'eux le moins de temps et d'opérations. Je suis persuadé qu'un examen plus attentif de cette question, ramènerait ces hommes, dont l'opinion est d'ailleurs d'un grand poids, à l'idée de ne pas fractionner à pure perte, les masses que la loi a embrassées : elles sont réellement plus légères, et surtout plus diaphanes dans leur intégrité, que dans chacune des parties dans lesquelles on les décompose. La comptabilité des recettes par exercice ou budjet, est loin d'être une théorie nouvelle. Depuis l'an 4 jusqu'à l'année 1817, elle avait été mise en pratique. Les comptes des receveurs-généraux, pendant cet espace de temps, avaient compris l'exercice entier; ils étaient clairs et dégagés de tout élément étranger. Mais depuis l'introduction de la caisse de service dans le régime intérieur du trésor, introduction qui déplaça et dénatura les principaux rouages de la machine préexistans, il fut reconnu par le ministère des finances lui-même, que les récépissés de versemens, délivrés sous le nom du caissier central, n'étaient plus que des fictions, attendu que la caisse centrale était passée toute entière dans la caisse de service. C'était sans doute un très-grand désordre, auquel il était urgent de remédier ; mais au lieu de rappeler à sa simplicité et à sa pureté l'ancien mode de comptabilité par exercice, on l'a dénaturé en le remplaçant par des comptes de gestion ou de douze mois, et que j'appelle comptes partiels ou bordereaux de fin d'année. Sans doute c'est l'usage qui détermine le sens des mots, mais est-il bien exact, quand la loi des finances a déterminé les proportions d'un exercice, d'appeler comptes de gestion, le tableau d'une partie du recouvrement et de la dépense des fonds qu'elle y a affectés? Ne faudrait-il pas réserver le nom de comptes de gestion, à la série des actes qui embrassent l'universalité des objets que la loi de finances s'est proposée. Les expressions obscurcissent presque toujours les idées de ceux qui n'ont pas été à portée d'étudier les matières d'administration, et notamment de comptabilité, et je doute que les comptes de gestion eussent fait fortune, si on les eût appelés ce qu'ils sont en effet, comptes de moitiés, de deux tiers ou trois quarts de budjet. On verra ci-après, quand je traiterai des dépenses, que cela n'est que trop vrai.

La raison, l'ordre, la promptitude, l'unité, la loi annuelle des finances, conseillent et prescrivent donc l'adoption des comptes par budjet en ce qui concerne les recettes générales. Une expérience de vingt-deux années, prouve que ce mode de comptabilité est d'une exécution facile, et que les défauts dont on a senti le besoin de le purger, venaient d'une cause qui lui était tout-à-fait étrangère. Je pense qu'on ne peut contester ces assertions.

Mais ce que l'on peut faire par rapport aux recettes, est-il aussi exécutable par rapport aux dépenses? Oui, mais la comptabilité de ces dernières, par exercice ou budjet, exige plus d'espace; c'est à la sagacité du Gouvernement, c'est à la sagesse des Chambres à le déterminer. Je vais essayer de donner à ce sujet quelques indications que l'examen que j'ai été à portée d'en faire, m'a suggérées.

Avant la révolution, la comptabilité des dépenses avait lieu par exercices, les trésoriers étaient alternatifs, et suivaient sans confusion, ceux qu'ils avaient commencés.

Depuis 1792, la forme des comptes par exercices, subsista jusqu'en l'an 8.

Un simple arrêté consulaire établit, en pluviose an 8, une nouvelle organisation de la trésorerie, et détermina les attributions des quatre payeurs principaux créés par la loi de 1791; mais les auteurs de cet arrêté, perdant de vue le dessein annoncé par cette loi, de l'organisation ultérieure d'une comptabilité définitive par exercice et sur pièces, qui est celle que j'appelle comptabilité judiciaire, s'arrêtèrent au second degré de comptabilité intérieure qu'elle avait si bien défini, et au lieu d'un compte définitif et général d'exercice, ne prescrivirent qu'un compte de douze mois, un vrai bordereau de fin d'année. Voila l'origine des comptes partiels ou de gestion. Le désordre a été si grand pendant leur règne, ou plutôt pendant leur usurpation, que les dépenses appartenant à un exercice, ont toujours été disséminées sur douze ou quinze de ces comptes de gestion, en sorte que le même bordereau renfermait les parcelles d'autant d'exercices demeurés ouverts. Il a été impossible d'en résumer aucun dans le cours de dix-sept années. Le mode actuel n'est que la continuation de celui qui a produit l'involution que je signale, à cette différence près, que, ci-devant, quatre payeurs principaux renfermaient dans quatre comptes généraux d'année qu'ils rendaient au nom des payeurs divisionnaires, ce que contiennent aujourd'hui les comptes de quatre-vingt-six payeurs de département, de douze ou quinze payeurs de la marine, d'un payeur principal de la dette publique et d'un payeur principal des ministères. Vient ensuite un directeur général des dépenses, qui, placé au sommet de la chaîne, résume les comptes de tous ces payeurs, et présente par ministère, et par portion d'exercice, dans un tableau récapitulatif général, les dépenses qui ont été effectuées dans le courant d'une année, soit qu'elles s'appliquent à cette année, soit qu'elles appartiennent aux années antérieures. Si, à l'avenir, le temps pendant lequel un exercice devant rester ouvert, n'est pas déterminé par une loi ou par une ordonnance, le morcellement dont j'ai parlé plus haut, se renouvellera, et dans dix ans des portions de dépenses de dix exercices figureront à côté l'unes de l'autres dans les comptes qui devront être rendus pour l'espace de douze mois. Chaque année, le compte du directeur-général ne résumera que des parcelles, et les comptes d'exercice, toujours prônés et toujours réservés, seront néanmoins toujours oubliés; et que deviendra alors la comparaison des dépenses avec les crédits? . . . .

Si l'on prenait la loi annuelle des finances pour règle et pour guide, on co-ordonnerait la comptabilité judiciaire à ses vues, et le chaos ferait place à la lumière. On avait d'autant plus lieu d'espérer que le bon principe prévaudrait, que la France était sortie des embarras qu'amène la guerre, et que ces embarras ne pouvaient plus servir d'excuse aux abus et aux fausses directions qui en étaient nés.

Si l'on devait juger de la mesure de temps qui est nécessaire pour l'achèvement et le solde d'un exercice, par les antécédens immédiats, il s'ensuivrait que jamais il ne serait possible de le terminer. Depuis l'arrêté de l'an 8, jusqu'à l'époque des dernières ordonnances, aucun n'a été clos régulièrement. On peut dire de ceux sur lesquels il ne resterait rien à payer, qu'ils se sont usés par le temps et qu'ils se sont éteints dans les langueurs d'une vieillesse prolongée. Pour résoudre cette question, il faut abandonner les argumens tirés de l'état de guerre et rejeter l'exemple du passé; on ne va pas chercher la règle dans l'exception; nous sommes éclairés par les fautes commises; nous sommes en pleine paix et nous avons toute la liberté de nos mouvemens. C'est la recette qui gouverne la dépense. Or, il est prouvé que tous les revenus de l'Etat affectés aux besoins d'une année d'exercice, sont encaissés dans l'espace de seize mois. Quand on a ses coffres pleins, la dépense n'est plus qu'un jeu. Qu'on ne paie pas ou qu'on paie mal, quand on n'a point ou qu'on a peu d'argent, cela se conçoit à merveille; mais que les différens départemens n'usent pas des crédits qui leur sont ouverts, pour se libérer, lorsque le trésor tient à leur disposition, les fonds qu'ils ont demandés, comme leur étant nécessaires, cela ne se comprend plus.

La liquidation des services publics, tant sous le rapport du personnel que du matériel, est distribuée entre cinq départemens principaux. Quelle cause peut s'opposer à ce qu'ils se libèrent? est-ce la négligence des bureaux? il faut les faire sortir de leur torpeur. Est-ce le retard apporté par les fournisseurs, à la production des pièces sur lesquelles doit reposer la délivrance des ordres de paiement? cette dernière supposition n'est vraisemblable, que quand les marchés sont mal exécutés, et ils doivent, ces marchés, contenir des clauses pour pourvoir à ce cas qui se présente de temps en temps. Mais, en général, ceux qui ont fait des fournitures pour le compte du Gouvernement, sont très-exacts et très-ponctuels à en réclamer le prix. On conçoit l'éternelle sollicitude des créanciers, de ceux de l'Etat surtout; on n'a pas besoin d'employer l'aiguillon pour les faire marcher, ils arrivent à l'heure donnée. Si l'intérêt tient les fournisseurs éveillés, et fait présumer qu'en général les retards ne viennent pas d'eux, ce serait donc dans les divers départemens qu'il faudrait en chercher la source. Cependant ces grands consommateurs, ces grands débiteurs ont le plus grand intérêt eux-mêmes à se libérer. Le crédit et la confiance sont les fruits certains de la ponctualité des paiemens. Celui qui ne fait point attendre, qu'il soit homme public ou privé, est bien servi, servi par d'honnêtes gens, obtient de bonnes compositions, des matières d'une qualité meilleure, et, en cas de pénurie momentanée, retrouverait encore ces avantages auprès d'hommes accoutumés à ne pas être trompés dans leurs espérances. Quand les liquidations sont lentes, au contraire, et qu'on sait qu'elles le seront d'année en année, tous ceux qui traitent avec le Gouvernement, commencent par se faire payer une première indemnité pour son incurie; de médiocres, ou peut-être de mauvaises fournitures leur en valent une seconde, et la lice des marchés demeure livrée aux aventuriers. Les vieilles affaires sont d'ailleurs des espèces de cadavres autour desquels s'amasse la corruption; la liquidation d'une créance arriérée peut être présentée comme une faveur; et il répugne à la dignité que doit garder le Gouvernement dans l'exécution de ses engagemens, que des créanciers légitimes soient exposés à solliciter de pareilles grâces. Tout le monde est d'accord, je pense, sur ce point, qu'il importe beaucoup aux divers départemens de hâter la liquidation des services qui leur sont assignés, et de consommer leur libération le plutôt possible. Il ne peut y avoir de difficulté que relativement à l'espace de temps qui est nécessaire pour remplir cet objet. Est-ce que deux ans, y comprise l'année d'exercice, ne seraient pas suffisans? Les comptes des payeurs seraient rendus six mois plus tard; mais, pour éclaircir la question, si ces comptes pourraient être rendus dans ce délai, ou même s'ils ne pourraient pas être fondus dans un compte général unique, il faut exposer ce qui a lieu aujourd'hui.

Dans l'organisation actuelle, cent payeurs à peu près, tant des départemens que des ports, rendent chacun un compte à la Cour des Comptes, indépendamment du tableau récapitulatif général que doit former le directeur-général des dépenses. Ce dernier reçoit tous les mois, à Paris, les pièces justificatives des dépenses que les payeurs ont effectuées; il résume le montant de ces diverses dépenses et en compose, à la fin de l'année, son compte général d'ordre dont je viens de parler. Je crois apercevoir dans ces opérations, un double emploi, qui retardera nécessairement l'apurement des dépenses. Lorsque le directeur-général a recueilli les acquits qui lui sont transmis, de mois en mois, par les payeurs, et qu'il s'en est servi pour former son compte récapitulatif, il faut, qu'à la fin de l'année, il les redistribue entre les cent comptes des payeurs qui s'en sont successivement dessaisis. Si l'on n'avait pas cru être obligé, en vertu de l'art. 11 de la loi du 16 septembre 1807, de faire rendre un compte particulier à chaque payeur des départemens ou des ports, dont, pendant onze ans, les opérations avaient été comprises dans les comptes des quatre grands payeurs établis en l'an 8, on aurait pu simplifier singulièrement la comptabilité des dépenses; il semble qu'on en ait eu la pensée, et qu'ensuite on ait reculé devant elle. En effet, le directeur-général des dépenses réunissant, à Paris, toutes les pièces justificatives de l'acquittement des divers services publics, gardant par devers lui, et joignant à son compte récapitulatif d'année, les ordonnances générales qui autorisent tous les paiemens qui sont faits par les caisses publiques, ainsi que le prescrit l'ordonnance du 18 octobre 1817, ne semblait-il pas devoir être le comptable central et unique des dépenses? Ce mode aurait, au fond, rempli le vœu de la loi du 16 septembre 1807, et n'aurait point empêché que chaque payeur ne demeurât responsable de ses faits propres, pas plus que la réunion des comptes des receveurs de l'enregistrement et des domaines, etc., dans un compte général, n'empêche que ces derniers ne supportent le poids des condamnations prononcées à l'occasion des actes de leurs gestions respectives.

Il est une foule de cas, et celui-ci en est un bien important, où il vaut mieux procéder par voie de synthèse, que d'analyse; il n'en coûterait pas plus au directeur général des dépenses, pour former un compte unique d'année ou douze mois, que pour remplir les obligations et exercer la surveillance qui lui sont imposées; mais combien l'intérêt s'accroîtrait, si on appliquait ce mode à un compte complet d'exercice, qui serait tout aussi facile à former. Si le plan que je propose paraissait trop vaste, malgré son extrême simplicité, je prie ceux qui seraient disposés à s'en effrayer, de considérer que l'exécution en serait confiée au directeur-général actuel des dépenses, qui, en fait de comptabilité, peut tout, hors l'impossible (1).

Que ceux qui préfèrent les détails aux masses, veuillent bien considérer un instant, que le compte d'un payeur de département, bien qu'il n'embrasse que la centième partie de la totalité des dépenses de l'État, est pourtant lui-même un compte général en petit; il embrasse à la fois les départemens de la guerre, des finances, de l'intérieur, des relations extérieures et de la dette publique. Autrefois ces diverses natures de dépense, étaient partagées entre trois ou quatre comptes, généraux. On a donc tout récemment réuni dans les mains d'un seul agent, ce qui auparavant était distribué entre plusieurs. Si on a opéré cette première centralisation, pourquoi n'opérerait-on pas la seconde, qui est beaucoup plus importante? Je n'ai ici d'autre mérite que celui de tirer la dernière et la plus utile conséquence du principe qui a été posé dans les ordonnances du 18 octobre 1817. C'est d'après ce mode que sont formés depuis long-temps les comptes de toutes les administrations financières,

---

(1) Je n'ai jamais vu ce fonctionnaire, je ne lui ai jamais parlé; mais je n'ai pu résister au besoin d'exprimer ici, le cas singulier que je fais, ainsi que mille autres, de ses travaux toujours clairs et de son amour imperturbable pour l'ordre.

ceux même des recettes générales, dans lesquels se réduisent les opérations des percepteurs de communes et des receveurs d'arrondissement. Les trésoriers des invalides de la marine, au nombre de trente ou quarante, ont rendu des comptes particuliers pendant quelque temps; ces comptes avaient entr'eux des rapports multipliés, qui exigaient des rapprochemens continuels; mais l'isolement de tous, et l'absence de quelques-uns, rendaient toujours ces rapprochemens difficiles et quelquefois impossibles. Depuis quatre ans, un trésorier général est établi, qui exerce, sur les trésoriers des ports et des différens quartiers, une active surveillance et une sorte de police, qui rassemble et classe avec méthode les pièces qui servaient de preuves aux trente ou quarante comptes particuliers précédemment rendus, et en compose un compte unique d'exercice, que l'on assure être très-clair et très-satisfaisant. Un compte unique d'exercice, rendu par le directeur-général des dépenses, quoique formé sur une échelle plus étendue, aurait un pareil résultat. Je suis convaincu qu'au jour indiqué, ce compte de masse et d'ensemble serait prêt, sans qu'il y eût ni lacunes, ni irrégularités sensibles; il serait accompagné de deux millions de pièces, peut-être, mais, est-il plus difficile de les examiner produites à l'appui d'un seul grand tableau, qu'au soutien de cent volumes isolés les uns des autres? Ce sont des quantités autrement combinées, mais dont la nature et le nombre sont exactement les mêmes. Dans les sciences, dans les arts, dans l'administration, il me semble qu'on n'emploie pas un autre procédé, et que, si d'abord on s'y occupe des élémens, c'est pour arriver après, à des résultats d'ensemble. Cette marche doit être suivie, surtout dans la comptabilité judiciaire, chaque fois que les quantités, sur lesquelles on opère, sont homogènes; autrement les juges en cette partie, absorbés dans l'examen des détails et entraînés par le courant, ne pourront jamais rejoindre en un corps entier, les portions qu'ils auront vérifiées séparément, bien que telle soit l'intention évidente de la loi annuelle des finances, et que sans cette recomposition, il n'y ait aucune espérance d'ordre à concevoir.

Je terminerai ces observations, en disant qu'il importe à l'intérêt du Roi et de la Nation, dont mieux que personne il apprécie les sacrifices et les efforts, que le directeur-général des dépenses ait une grande consistance, et qu'il maintienne sur la ligne des règles, le collége entier des payeurs. Si les dépenses sont ordonnancées au nom du Roi et de la Loi, les paiemens s'effectuent aussi sous l'autorité de ces noms sacrés. La marche du service ne doit pas être entravée, sans doute; mais elle ne doit pas non plus être faussée; et quand une loi ou une ordonnance auront prescrit aux dispensateurs des fonds publics, de quelque rang qu'ils soient, d'appuyer les ordres de paiement qu'ils délivreront, des pièces qui fondent le droit des parties prenantes, pièces sans lesquelles ces ordres n'auraient pas été expédiés, il est nécessaire que les payeurs se sentent assez forts pour dire, en cas que la loi ou que l'ordonnance ait été violée: *l'ordonnateur n'est pas en règle; je ne puis payer*. Ce juste équilibre de poids et de contrepoids nous manque; son existence serait une des plus puissantes sauve-gardes des finances; et quoique tout ait été peut-être fort régulier au fond, dans le service des dépenses, depuis vingt années, cependant le péril peut devenir si grand pour le trésor et pour la nation, qu'il serait convenable d'allumer enfin un fanal sur l'écueil, de placer un préservatif à côté de l'intégrité elle-même, afin de la protéger contre les surprises possibles de la corruption.

Paris, le 27 janvier 1820.

DE L'IMPRIMERIE DE DENUGON, RUE POT-DE-FER, N° 14 [F. S. G.].

www.ingramcontent.com/pod-product-compliance
Ingram Content Group UK Ltd.
Pitfield, Milton Keynes, MK11 3LW, UK
UKHW020540230726
13925UKWH00006B/2397

9 782014 044621